BEI GRIN MACHT SICH IHR WISSEN BEZAHLT

- Wir veröffentlichen Ihre Hausarbeit, Bachelor- und Masterarbeit

- Ihr eigenes eBook und Buch - weltweit in allen wichtigen Shops

- Verdienen Sie an jedem Verkauf

Jetzt bei www.GRIN.com hochladen und kostenlos publizieren

Bibliografische Information der Deutschen Nationalbibliothek:

Die Deutsche Bibliothek verzeichnet diese Publikation in der Deutschen Nationalbibliografie; detaillierte bibliografische Daten sind im Internet über http://dnb.d-nb.de/ abrufbar.

Dieses Werk sowie alle darin enthaltenen einzelnen Beiträge und Abbildungen sind urheberrechtlich geschützt. Jede Verwertung, die nicht ausdrücklich vom Urheberrechtsschutz zugelassen ist, bedarf der vorherigen Zustimmung des Verlages. Das gilt insbesondere für Vervielfältigungen, Bearbeitungen, Übersetzungen, Mikroverfilmungen, Auswertungen durch Datenbanken und für die Einspeicherung und Verarbeitung in elektronische Systeme. Alle Rechte, auch die des auszugsweisen Nachdrucks, der fotomechanischen Wiedergabe (einschließlich Mikrokopie) sowie der Auswertung durch Datenbanken oder ähnliche Einrichtungen, vorbehalten.

Impressum:

Copyright © 2015 GRIN Verlag, Open Publishing GmbH
Druck und Bindung: Books on Demand GmbH, Norderstedt Germany
ISBN: 9783668407718

Dieses Buch bei GRIN:

http://www.grin.com/de/e-book/354745/it-trends-und-ihre-auswirkungen-auf-das-informationsmanagement-in-unternehmen

Nils C.

IT-Trends und ihre Auswirkungen auf das Informations-management in Unternehmen

GRIN Verlag

GRIN - Your knowledge has value

Der GRIN Verlag publiziert seit 1998 wissenschaftliche Arbeiten von Studenten, Hochschullehrern und anderen Akademikern als eBook und gedrucktes Buch. Die Verlagswebsite www.grin.com ist die ideale Plattform zur Veröffentlichung von Hausarbeiten, Abschlussarbeiten, wissenschaftlichen Aufsätzen, Dissertationen und Fachbüchern.

Besuchen Sie uns im Internet:

http://www.grin.com/

http://www.facebook.com/grincom

http://www.twitter.com/grin_com

Informationsmanagement 2.0

IT-Trends und ihre Auswirkungen auf das Informationsmanagement in Unternehmen

1. App-Economy
   1. Herausforderung App-Economy
   2. App und Geschäftsmodell
   3. Fazit/Ausblick
2. Cloud IT
   1. Begriffsbestimmung
   2. Cloud IT als Wegbereiter der veränderten Struktur der Arbeitswelt und dessen Vorteile
3. Cloud Computing
   1. Was ist Cloud Computing?
   2. Unterschiedliche Cloud Computing Services
   3. Vor- und Nachteile
   4. Welche großen Cloud-Anbieter gibt es?
   5. Cloud Computing vs. unternehmerische Interessen
   6. Fazit/Ausblick
4. Arbeitswelt 2020

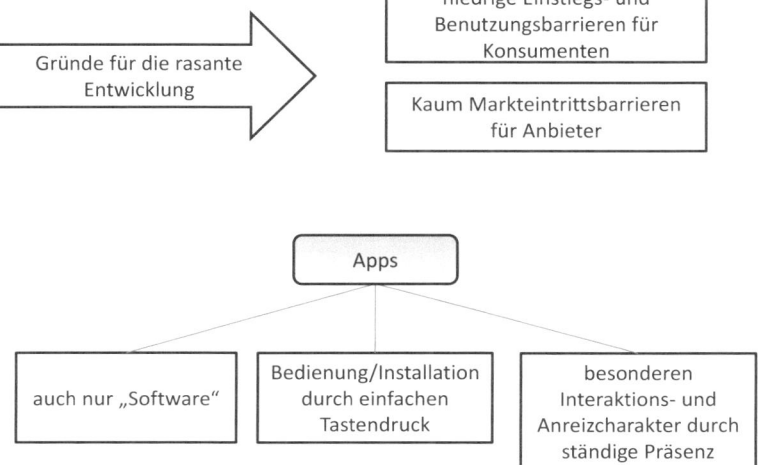

Herausforderung der App-Economy

Angesichts des Potentials ist der Zweifel am Wachstum der App-Economy nahezu ausgeschlossen!

Die rasante Entwicklung bringt in vielen Branchen frischen Wind, dabei ist Gegenwind jedoch nicht ausgeschlossen!

Vorteil

Apps bieten Startups eine gute Möglichkeit sich am Markt zu etablieren

Nachteil

Apps können auch zu Disruptionen in einigen Branchen führen z.B. Telefonbuch-App ersetzt die telefonische Auskunft

Apps und Geschäftsmodelle

Apps werden in Geschäftsmodellen als ... gesehen
- weiteren Vertriebskanal
- neues Kommunikationsmittel
- Plattform, um eine große Zielgruppe zu erreichen

Intension der Unternehmen

| Verbesserung der Wettbewerbsfähigkeit und des Images | Gewinnung neuer Zielgruppen, da Produkt/Dienstleistung in Vielzahl von Nischen angeboten wird | Steigerung des Bekanntheitsgerades, da Kundenmit der Nutzung der App ständig mit Unternehmen in Verbindung stehen |

Apps und Geschäftsmodelle

 Entwicklung der App-Economy erfolgt nicht linear-kontinuierlich sondern eher sprunghaft-disruptiv → Unternehmen müssen immer bereit sein, auf Auswirkungen und Veränderungen reagieren zu können

 Je mehr Apps im Umlauf sind, desto wahrscheinlicher ist auch die Auswirkung auf bestehende Geschäftsmodelle etablierter Unternehmen.

Es bleibt zu bezweifeln, dass betroffene Unternehmen auf die Auswirkungen und Veränderungen der Apps vorbereitet sind → Bewusstsein ist vorhanden, reicht jedoch heutzutage nicht mehr aus

Fazit/Ausblick

Die App-Economy befindet sich noch in den Kinderschuhen und die meisten Unternehmen sind noch in der Phase der zurückhaltenden Beobachtungen bzw. des vorsichtigen Experimentierens

 Sollten sich Unternehmen jetzt für den Schritt des Geschäftsmodellinnovation entscheiden, könnten sie noch Differenzierungsmerkmale setzen und sich ihre Position im App-Markt sichern

Zusammenfassung:
Es sollte nicht übersehen werden, dass Informationsmanagement in Zeiten von App-Economy neu zu denken ist → Kontrolle und definierte Prozesse sind die Erfolgsfaktoren von gestern

 Die neuen Erfolgsmuster haben sich längst in Richtung Endkundenzentrierung und vom Markt erforderte organisatorische Beweglichkeit konzentriert

Begriffsbestimmung Cloud IT

- Cloud bzw. Cloud-IT ist ein Marketingbegriff
- ist sowohl ein Geschäftsmodell als auch eine Technologie
- Technologie-Auslöser war die sog. „Virtualisierung"
  Ziel: Benutzer sollte ein Abstraktionsschicht zu Verfügung stehen, die ihn von der eigentlichen Hardware trennt
- Veränderung: Verlagerung von Prozessen und Daten aus einer In-Haus-Infrastruktur in die IT eines Cloud-Service-Anbieters/Betrieb eigener Cloud IT
- Charakteristisch: Elastizität (Eindruck unbegrenzter Ressourcen) und Bereitstellung der Ressourcen nach Bedarf

Fazit

Cloud IT ermöglicht es, neue und effizientere Prozesse darzustellen und einzuführen, neue Technologien zu integrieren und eine vollkommen neue betriebliche Kommunikation zu schaffen.

Cloud IT als Wegbereiter zu veränderten Struktur der Arbeitswelt und dessen Vorteile

Die wichtigsten Ergebnisse (Vorteile), die von Cloud Geschäftslösungen erwartet werden:
1. Vereinfachen des Software Managements
2. Reduzieren des Kapitaleinsatzes und/oder der Betriebskosten
3. Verbesserung der internen und externen Zusammenarbeit
4. Umwandlung von fixen Kosten in variable Kosten

Was ist Cloud Computing?

Begriffsbestimmung:
- Ist die bedarfsgesteuerte Bereitstellung von Datenverarbeitungsressourcen jeglicher Art über das Internet
- Technischer Grundgedanke: durch eine gleichmäßige Auslastung der Ressourcen (u.a. Datenspeicher) Kostenvorteile zu generieren

Merkmale:
1. Internet bzw. die Server der Cloud-Anbieter dient als Zentrale
2. Cloud Computing Mietmodelle lassen sich meist ziemlich spezifisch an individuellen Bedarf anpassen
3. Sind skalierbar, d.h. sie stehen beliebig vielen Anwendern frei zu
4. Sind unabhängig von Ort und Zeit

Unterschiedliche Cloud Computing Services

Ebenen:

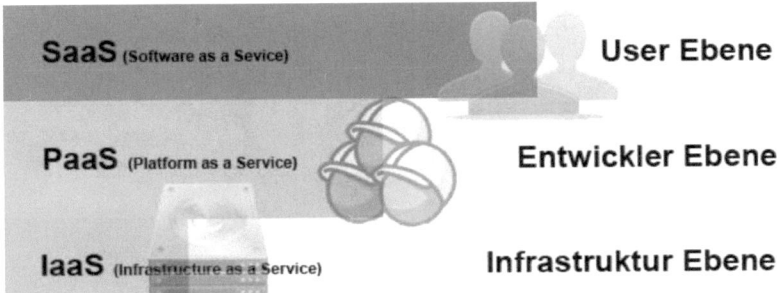

SaaS: Bereitstellung von Software, die auf den Servern in der Cloud ausgeführt werden
PaaS: Bereitstellung von Entwicklungsumgebungen in Form von Frameworks
IaaS: Zur Verfügung Stellung von u.a. Speicher- und Netzwerkstruktur i.d.R. in Form von virtuellen Maschinen

Vor- und Nachteile von Cloud Computing?

Vorteile	Nachteile
• Computer-Anwendungen, die früher viel Geld gekostet haben, sind für jedermann erschwinglich • keine teuren Investitionen in eigene Infrastrukturen • zentrales Management der gesamten Infrastruktur • sind auch sehr gut erreichbar durch zunehmenden Breitbandabdeckung und Internetfähigkeit von Smartphones und Co. • flexiblen Mietmodelle u.a. wächst die Cloud mit zunehmender Unternehmensgröße mit	• Informationen werden fremdgespeichert (Cloud Betreiber kann Daten einsehen) • Betreiber kann Opfer einer erfolgreichen Hackerattacke werden • ohne Internet funktioniert nichts und stabile Bandbreiten sind nicht überall gegeben • Kontrollverlust/Abhängigkeit

Welche großen Cloud-Anbieter gibt es?

Cloud Computing vs. unternehmerische Interessen

- Informationstechnologie soll Unternehmen unterstützen
- Vor Einführung der Cloud Technologie: Prüfung, ob sie den unternehmerischen Zweck dient
- Auslagerung von Daten/Wissen
  =>Veränderung des Schutzgedankens
- Beachtung der Standorte der Server des Anbieters (andere Länder, anderes Rechtsverständnis)
- Beispiel USA: sog. Patriot Act
  Verpflichtet US-amerikanische Unternehmen dazu, auf Anforderungen bestimmte Informationen zu erheben und an staatliche Stellen zu liefern

Fazit/Ausblick

- Cloud Computing eignet sich nicht für alle Unternehmen und Branchen
  =>Aber: es ist nicht mehr aufzuhalten
- Möglichkeit, IT-Prozesse günstiger abzuwickeln
- macht die IT vernetzter, mobiler und an vielen Stellen auch sozialer
- Verschiedene Servicemodelle bieten Lösungen für unterschiedlichste Anwendungsfälle an
  =>hohe Serviceorientierung/Individualisierung

| **jedes Unternehmen wird zum Softwareanbieter** |

- die Intensität des Kundenkontaktes hängt künftig davon ab, ob es Unternehmen verstehen, deren Kunden einen elektronischen Assistenten zur Verfügung zu stellen, der den Kunden so intelligent und hilfreich wie möglich in Alltagsituationen begleitet

→ Der Erfolg wird davon abhängen, ob sie dieses besser oder schlechter realisieren als die Konkurrenz

Folge: nahezu jedes Unternehmen mit Endkundenkontakt wird zum Softwareanbieter

| **neue Arbeitsplätze der Zukunft** |

- die moderne Technologie wird unsere Arbeitsplätze der Zukunft zu Science-Fiction Räumen machen → „Mixed Reality"
- Geräte, die uns am Arbeitsplatz umgeben, werden Sensoren in ihrer äußeren Hülle unsere Emotionen verstehen, vom Handy über das Lenkrad und die Computertastatur bis zur Fernbedienung

Quellen

Becker, L. & Schmitz, F. (2013): „ Wie Apps Geschäftsmodelle revolutionieren", 2. Auflage, Düsseldorf

Bundesamt für Sicherheit in der Informationstechnik (2014): „Cloud Computing Grundlagen", Online Link:
https://www.bsi.bund.de/DE/Themen/CloudComputing/Grundlagen/Grundlagen_node.html (13.06.2014)

Giegerich, H. J. (2013): „Chancen und Risiken bei der Nutzung von Cloud Computing", 2. Auflage, Düsseldorf

Jánszky, S. G. (2013): „Arbeitswelt 2020: So ändern sich Business und Führung", 2. Auflage, Düsseldorf

Meir-Huber, M. (2010): „Cloud Computing: Praxisratgeber und Einstiegsstrategien", Frankfurt am Main

Sempert, F. P. (2013): „Wie Cloud die Unternehmens IT verändert", 2. Auflage, Düsseldorf

Springer Gabler Verlag (Herausgeber), Gabler Wirtschaftslexikon (2014): „Cloud Computing", Online Link: http://wirtschaftslexikon.gabler.de/Archiv/1020864/cloud-computing-v7.html

BEI GRIN MACHT SICH IHR WISSEN BEZAHLT

- Wir veröffentlichen Ihre Hausarbeit, Bachelor- und Masterarbeit

- Ihr eigenes eBook und Buch - weltweit in allen wichtigen Shops

- Verdienen Sie an jedem Verkauf

Jetzt bei www.GRIN.com hochladen und kostenlos publizieren